AF377201

CATALOGUE

DES TABLEAUX

DU CABINET

DE FEU M. DARTHENAY,

CHEVALIER DE L'ORDRE DE S. MICHEL, Secrétaire Général & premier Commis des Bâtimens du Roi, ci-devant Secrétaire d'Ambassade à la suite de M. le Marquis D'OSSUN, Ambassadeur de France à la Cour de Naples.

Par PIERRE LEBRUN.

La Vente se fera le Jeudi 20 Février 1766, & jours suivans, trois heures de relevée, bassecour du Château du Louvre, rue Froidmanteau, aux Écuries de M. le Marquis de Marigny.

Le Catalogue se distribuera chez le sieur LEBRUN, Peintre & Marchand de Tableaux, rue S. Honoré, au Roi des Indes, ou Hôtel des Américains, près l'Oratoire, au second étage sur le derriere.

A PARIS;

DE L'IMPRIMERIE DE PRAULT.

M. DCC. LXVI.

A V I S.

NOUS voudrions être en état de faire ici l'Eloge & l'Analyse de feu M. DARTHENAY; mais nous ne sommes pas assez versé dans la Littérarure, pour entreprendre un pareil Ouvrage. Nous dirons seulement, qu'il possédoit la connoissance des Arts & en faisoit une grande partie de son étude : mais étant occupé dans les affaires dont Sa Majesté l'a chargé dans plusieurs occasions, c'est la cause qu'il n'a pû faire une Collection de tous les grands Maîtres dont il vouloit se faire un Cabinet; cela n'a pourtant pas empêché qu'il n'en ait recueilli une bonne partie durant son séjour à Naples, & autres lieux, ce que les Amateurs trouveront dans ce Catalogue. La mort précipitée de

notre savant Curieux, fait que tout
ces Tableaux ne font pas dans un
ordre, comme ils auroient été s'il
avoit vécu plus long-temps. La
perte que les Arts font est irrépa-
rable, aussi-bien que la Société,
dont son caractere doux & affa-
ble, qui est assez connu, ne s'oc-
cupant qu'à faire le bien, & pro-
tégeant tous ceux qui se présen-
toient à lui pour avoir sa protec-
tion, ce qu'il leur accordoit avec
la douceur dont il étoit revêtu.

CATALOGUE

DES TABLEAUX

DU CABINET

DE FEU M. DARTHENAY,

Dont la Vente se fera le Jeudi 20 Février 1766, trois heures de relevée, basse-cour du Château du Louvre, rue Froid-manteau aux Écuries de M. le Marquis de Marigny.

N°. 1. UN Tableau représentant le Triomphe de David, portant la tête de Goliath. Ce Tableau est peint par *Nicolas Poussin*, & est de son meilleur temps. La composition en est des plus riches, tant pour les figures, que pour le fond de l'Architecture. Le dessein & le coloris est des plus fort & du plus beau. Il porte de lar- 700

ge quatre pieds sept pouces ; sur
trois pieds sept pouces de haut, dans
sa bordure sculptée & dorée très-
riche.

2. Un Tableau représentant Jesus allant
à Jerusalem, peint par *Nicolas Poussin*, de sa premiere maniere. Ce Tableau est très-riche de composition,
& d'un très-beau coloris. Il porte
quatre pieds un pouce de large, sur
trois pieds de hauteur, sur toile dans
sa bordure de bois uni doré.

3. Un Tableau représentant la Dédi-
cace de l'Eglise du Mont-Cassin ;
peint par *le Tintoret*. Ce Tableau est
d'une très-riche composition & d'une
grande conservation. Il porte trois
pieds dix pouces de large, sur trois
pieds de haut, sur toile, dans sa bordure de bois uni doré.

4. Un Tableau représentant Gibier &
Fruits ; peint par *Goddon*. Il porte
vingt-trois pouces de hauteur, sur dix-
huit de largeur, sur bois, dans sa
bordure unie & dorée.

5. Un Tableau représentant l'Assomp-
tion de la Sainte Vierge, dans le
goût du Dominicain. Il a deux pieds
& un pouce de haut, sur seize pou-

...ces de large, dans sa bordure dorée.

6. Deux Tableaux paysages peints par 47 . 4
Bartholomée Brinberg, de deux pieds
& un pouce de large, sur dix-neuf
pouces de haut, sur toile, dans leurs
bordures de bois uni doré.

7. Deux Tableaux ovales représentans 61 . 5
des Marines avec Architecture, enrichis de figures peintes par Files. Ils
ont deux pieds de large, sur vingt
pouces de haut, sur toile, dans leurs
bordures de bois uni doré.

8. Un Tableau représentant deux jeu- 39 - 1
nes Enfans, qui font chanter la Mu-
sique à un Chat. Il est dans le goût de
Murillos, sur toile, de deux pieds
trois pouces de large, sur deux pieds
de haut, dans sa bordure de bois
uni doré.

9. Deux Tableaux, peints sur toile, 50 . 4
représentans paysages & figures, par
Boht. Ils ont deux pieds & un pouce de large, sur dix-neuf pouces de
haut, dans leurs bordures de bois
uni doré.

10. Un Tableau représentant l'Enfant 45 . 6
Jesus, la Vierge, Saint Joseph,
Saint Jean-Baptiste & Saint Jean-

l'Evangéliste, fond de chambre, &
peint par *Augustin Carache*. Il eſt
de vingt pouces de hant, ſur quatorze de large, dans ſa bordure de
bois uni doré.

11. Un Tableau repréſentant des Fruits
poſés ſur une table de pierre, avec
un *vidrecom* de cryſtal de roche,
peint par *David Teniers*. Ce Tableau
eſt peint ſur bois, & extrêmement
rare de trouver des fruits peints par
ce Maître. Il eſt de hauteur de dix-
huit pouces, ſur quatorze de large,
dans ſa bordure de bois uni doré.

12. Deux Payſages, forme ronde, ſur
cuivre, peints par *Petit-Jean* d'Hollande, de grandeur de dix pouces,
dans leurs bordures de bois ſculpté
& doré.

13. Deux Tableaux, ſur cuivre, forme
ronde; l'un, repréſentant Hercule
tenant le Sanglier de la forêt d'He-
rimanthe en préſence d'Euriſtée,
fond de payſage, & l'autre, repréſentant Apollon & Daphné, fond
de payſages, peints par *Philippo Laury*. Ils ont neuf pouces de haut,
dans leurs bordures de bois ſculpté
& doré.

14. Un Tableau, fur cuivre, repréfentant le Jugement de Pâris, peint
par *Wanbal*, de fept pouces & demi
de large, fur fix de haut, dans fa bordure de bois uni doré.

15. Un Tableau, fur cuivre, peint par
Philippe Napolitain, de fept pouces
& demi de large, fur fix pouces de
haut, dans fa bordure de bois uni
doré.

16. Un Tableau repréfentant l'Enfant
Jefus, la Vierge, Saint Jofeph &
Saint Jean, peint fur marbre noir
par *Jacques Stella*, de onze de pouces
de haut, fur huit pouces & demi de
large, dans fa bordure de bois fculpté
& doré.

17. Deux petits Tableaux, peints fur
cuivre, par *Braoor*; l'un, repréfentant un Homme que l'on panfe d'une
plaie à la jambe; l'autre, une Fem-
me qui tient un Enfant fur fes ge-
noux, fond de payfages, de huit
pouces de haut, fur fix de large,
dans leurs bordures de bois uni
doré.

18. Deux Tableaux payfages peints fur
cuivre, l'un par *la Chouette*, & l'autre par *Bartholomée*, de fix pouces

& demi de large, ſur quatre pouces
neuf lignes de haut, dans leurs bordures de bois doré.

9. 2   19. Deux Tableaux repréſentans Payſages & Figures, peints par *Milet
Francisque*, forme ovale, de cinq
pouces & demi de large, ſur quatre
& demi de haut, dans leurs bordures de bois uni doré.

21   20. Deux petits Tableaux, l'un peint
ſur marbre & l'autre ſur toile par
Jean Miel, le premier repréſentant
des Joueurs, & le ſecond un Payſan
qui fait boire ſon Chien, de huit
pouces de haut, ſur cinq & demi de
large, dans leurs bordures de bois
uni doré.

26. 1   21. Deux petits Tableaux peints ſur
bois par *Braoor*; l'un repréſentant
un Homme que l'on panſe au bras,
& l'autre un Fumeur; le premier,
de huit pouces de haut, ſur ſept de
large, & le ſecond, de cinq pouces
de haut, ſur trois pouces neuf lignes
de large, ſans bordure.

40. 4   22. Deux Tableaux peints ſur cuivre,
tous deux repréſentans l'Adoration
des Bergers, l'un peint par *Léandre
Baſſan*, & l'autre par *Adam Elſei-*

neere. Ils ont treize pouces & demi
de haut, fur onze de large, dans
leurs bordures de bois uni doré.

23. Deux Tableaux peints fur bois par   35. 7
Wanadel, repréfentans Payfages &
Figures, de dix pouces neuf lignes
de large, fur fept & demi de haut,
dans leurs bordures de bois fculpté
& doré.

24. Un Tableau peint fur cuivre par   34
la Chouette, repréfentant Payfages
& Saint Jean-Baptifte. Il eft de huit
pouces trois lignes de large, fur fix
pouces de hauteur, en fa bordure de
bois uni doré.

25. Un Tableau peint fur cuivre par   18. 1
Tempefte, repréfentant la Conver-
fion de Saint Paul, de dix pouces &
demi de large, fur huit de haut, dans
fa bordure de bois uni doré.

26. Un Tableau peint fur toile par   40. 5
Léandre Baffan, repréfentant Saint
Jérôme lifant dans fa Grotte, de
deux pieds & demi de large, fur deux
pieds de haut, fans bordure.

27. Un Tableau peint fur toile dans le   39
goût de Murillos, repréfentans Payfages avec Figures qui jouent aux
Cartes. Il eft de deux pieds dix pou-

ces de large, fur dix-fept pouces de
haut, fans bordure.

28. Un Tableau peint fur toile, repréfentant une bataille, par *Philippe Napolitain*, de dix-huit pouces de large, fur onze pouces & demi de haut,
fans bordure.

29. Un Tableau peint fur toile, repréfentant Payfages & Figures, par *Salvator Rofa*. Il eft de trois pieds de
haut, fur deux pieds trois pouces de
large, fans bordure.

30. Deux Tableaux peints fur toile,
repréfentans des Oifeaux morts, par
Balthafar Caro, de deux pieds quatre pouces & demi de large, fur
quatorze pouces de haut, fans bordure.

31. Deux Tableaux peints fur toile par
Wanbouc, repréfentans des Pigeons
& des Fruits, de deux pieds un
pouce de large, fur dix-neuf pouces
de haut, fans bordure.

32. Un Tableau peint fur toile, repréfentant l'Annonciation, de l'Ecole
des Carraches, de vingt pouces de
haut, fur quinze de large, fans bordure.

33. Un Tableau peint fur toile, repré-

fentant Payfages & Figures , par *Herman* d'Italie. Il eft de vingt-deux pouces de large , fur dix-neuf de haut, fans bordure.

34. Deux Tableaux peints par *André Sacchi* , repréfentans Héraclius portant la Vraie Croix , & l'autre la Cene. Ces deux Tableaux font du bon temps de ce Maître , & d'une grande compofition , tous deux fur toile , de douze pouces de haut, fur quinze de large, fans bordures.

35. Un Tableau peint fur toile , repréfentant Jefus & Saint Jean jouans enfemble , fonds de payfages , par *André Vaccaro* , de dix-huit pouces de haut , fur quatorze de large , fans bordure.

36. Un Tableau peint fur toile , repréfentant Payfages & Jeu d'Enfans , par *Philippe Laury* , de dix-huit pouces de haut , fur quinze & demi de large , fans bordure.

37. Deux Tableaux peints fur toile ; l'un , repréfentant les Noces de Cana , & l'autre , le portement de la Croix de Notre-Seigneur , par *André Sacchi*, de quinze pouces de large, fur douze de haut, fans bordures.

43　38. Deux Tableaux peints fur toile, repréfentans des Académies de l'Ecole du Guide, de dix-neuf pouces de large, fur douze de haut, fans bordure.

14.12　39. Deux Tableaux peints fur toile, repréfentans deux batailles, par *Hariot Spolverino*, Éleve du Breffiano, de feize pouces de large, fur douze pouces de haut, fans bordures.

34.8　40. Deux Tableaux peints fur toile; l'un, repréfentant la prife de Jefus fortant du Jardin des Olives, & l'autre, Jefus attaché à la colonne & flagellé, peints par *Trevifany*, de quinze pouces de haut, fur onze pouces de large, fans bordures.

29.5　41. Un Tableau peint fur toile, repréfentant un Satyre qui enleve une Nymphe, de l'Ecole des Caraches, de quinze pouces de haut, fur onze pouces de large, dans fa bordure de bois uni doré.

31.8　42. Un Tableau peint fur toile, repréfentant Saint Jean pleurant la mort de Jefus, de l'Ecole des Caraches, de dix-fept pouces de haut, fur treize de large, dans fa bordure de bois uni doré.

43. Un Tableau peint sur toile, repréfentant une Magdelaine pleurante,
étude de Gui-Reni, de dix-neuf
pouces de haut, sur treize pouces de
large, sans bordure.

44. Deux Tableaux repréfentans Payfages & Figures, peints par *Petit-
Jean* d'Hollande, furnommé *Belon* :
ce Peintre excelloit dans la touche
du Payfage & de l'Architecture,
ainfi que les Figures qui faifoient
un accord de toute fineffe, de feize
pouces de haut, sur douze de large, dans leurs bordures de bois uni
doré.

45. Un Tableau peint sur toile, repréfentant une Bergere qui déjeûne
avec fon Berger, fond de Payfages,
par *Roccathelli*, de dix-neuf pouces
de large, sur dix-neuf de haut, sans
bordure.

46. Un Tableau peint sur toile, repréfentant Payfages & Figures, peint
par *Milet Francifque*, de deux pieds
de large, sur un pouce & demi de
haut, sans bordure.

47. Un Tableau peint sur toile, repréfentant une Chaffe au Sanglier, par le
Grand-Martin, difciple de Wander-

meulen, de deux pieds deux pouces de large, sur un pied & demi de haut.

37. 1 48. Un Tableau peint sur bois, représentant Adam & Eve, de quinze pouces de large, sur quatorze de haut, dans sa bordure de bois sculpté & doré.

18. 14 49. Un Tableau représentant une Tête, peint sur bois par *Léonard Vinci*, de quatorze pouces de haut, sur dix pouces de large, dans sa bordure de bois doré.

30. 10 50. Un Tableau représentant Sainte Cécile jouant du Clavecin, avec plusieurs autres Figures, peint par *Giacomodelpo*, de quinze pouces de largeur, sur onze de hauteur, dans sa bordure de bois uni doré.

35. 8 51. Un Tableau peint sur toile, représentant Mars & Venus, de l'Ecole de l'Albane, de quinze pouces de large, sur onze de haut, sans bordure.

45. 7 52. Un Tableau peint sur toile, représentant un bain Turc, l'Architecture de Bibiane, & les Figures de Palamede, de deux pieds de large, sur un pied & demi de haut, sans bordure.

53. Un Tableau peint fur toile, repré-   38
fentant un Vieillard, une eune Fem-
me & deux Enfans qui jouent, par
un Maître d'Italie, de deux pieds
de haut, fur un pied & demi de large, fans bordure.

54. Un Tableau peint fur toile, repré-   52. 15
fentant un Payfan qui ôte une épine
du pied d'une jeune Fille, fond de
Payfages, peint par *Michel Ange*,
des Batailles, de deux pieds de haut,
fur un pied & demi de large.

55. Un Tableau peint fur toile, repré-   58. 3
fentant la Sainte Trinité, peint par
Paul Mateis, de deux pieds de haut,
fur un pied & demi de large, fans
bordure.

56. Un Tableau peint fur toile, repré-   59. 18
fentant le martyre de Saint Paul,
de l'Ecole Vénitienne, de vingt-un
pouces de haut, fur feize de large,
fans bordure.

57. Un Tableau peint fur toile, repré-   16. 15
fentant le portrait d'un Poëte, peint
par *Valentin*, de vingt-un pouces de
hauteur, fur un pied & demi de
largeur.

58. Un Tableau repréfentant Notre-   39. 1
Seigneur chez le Pharifien, peint fur

toile par *Colombel*, de dix-huit pouces de large, fur dix-neuf de haut,
fans bordure.

60. 9 59. Deux Tableaux peints fur toile,
repréfentans Architecture & Figures, de *Salvator Rofa*. Ces Tableaux
font riches de compofition & fins de
touche, de dix-fept pouces de haut,
fur quatorze de large, fans bordure.

49. 15 60. Deux Tableaux repréfentans des
batailles, peints par *Gironimo*, difciple de Bourguignon, de dix-huit
pouces de large, fur douze de haut,
fans bordures.

7. 61. Un Tableau repréfentant la Cene,
peint par *Baffan*, de vingt-trois pouces de large, fur treize de haut, fans
bordure.

48. 4 62. Deux Tableaux peints fur toile;
l'un, repréfentant Sénéque, & l'autre, une Académie de l'Ecole des
Caraches, de dix-fept pouces de hauteur, fur douze de largeur, fans bordure.

27. 7 63. Un Tableau peint fur toile, repréfentant un Repos en Egypte, de
l'Ecole d'Italie, de vingt-un pouces
de haut, fur quinze de large, fans
bordure.

64. Un Tableau peint fur toile, repré- 17 · 14
fentant des Enfans qui jouent avec
un nid d'oifeau , par *Philippe Laury*,
de huit pouces & demi de haut, fur
fept de large , fans bordure.

65. Un Tableau peint fur bois , repré- 38 · 9
fentant une Magdelaine, par *Nicolas
Loir* , forme ronde , de quinze pouces , fans bordure.

66. Un Tableau peint fur bois, repré- 26 · 8
fentant la Boëte de Pandore , de
l'Ecole de Jules Romain , de dix
pouces de haut , fur neuf de large ,
dans fa bordure de bois uni doré.

67. Deux Tableaux peints fur toile ; 57 · 19
l'un repréfentant Saint Pierre & l'autre Saint Jérôme , par *Jofeph Ribera* , dit l'*Efpagnolet* ; de vingt-trois
pouces & demi de haut , fur dix-
huit & demi de large , fans bordures

68. Un Tableau peint fur toile , repré- 40 · 5
fentant un Payfage & Saint Jean ;
qui careffe fon Mouton ; par le
Guafpe , de deux pieds un pouce de
haut, fur dix-neuf pouces de large ,
fans bordure.

69. Un Tableau repréfentant une Fuite 46 · 15
en Egypte , fond de Payfages ; par

Mathieu Brelo , de deux pieds de large , fur dix-neuf pouces de haut , fans bordure.

64. 5 70. Un Tableau peint fur toile, repré-fentant une Bataille , par le *Grand-Martin* des Gobelins, de deux pieds de large , fur vingt pouces de haut , fans bordure.

29 71. Un Tableau peint fur toile, repré-fentant une Fuite en Egypte , de l'Ecole du Dominicain , de deux pieds un pouce de haut , fur dix-huit pouces de large ; fans bordure.

46. 2 72. Deux Tableaux peints fur toile , repréfentans Payfages , Figures , Fruits & Fleurs, peints par *Bruegel* , de trois pieds un pouce de large , fur deux pieds trois pouces de haut , fans bordures.

29 73. Deux Tableaux peints fur toile , repréfentans Saint Joachim & Sainte Anne , peints par *Solimène* , de deux pieds quatre pouces & demi de haut , fur deux pieds de large , fans bordures.

36. 19 74. Un Tableau peint fur toile, repré-fentant Payfages & Figures , par *Claude le Lorrain* , de deux pieds quatre pouces de large , fur vingt-

deux pouces & demi de haut, fans
bordure.

75. Un Tableau peint fur toile ; repré- 58. 10
fentant Hercule & Omphale, peint
par *Paul Mathéis*. Ce Tableau eft
très-bien compofé & d'un très-beau
coloris. Il a deux pieds quatre pouces de largeur, fur deux pieds de
hauteur.

76. Deux Tableaux peints fur toile ; 36
repréfentans Payfages & Figures,
par *Claude le Lorrain*, de deux pieds
neuf pouces de large, fur deux pieds
de haut, fans bordure.

77. Un Tableau peint fur toile, repré- 25. 14
fentant Payfages & Figures, par
Wanvelt, de trois pieds de large, fur
deux pieds trois pouces de haut, fans
bordure.

78. Un Tableau peint fur toile, repré- 38. 17
fentant Payfages & Figures, par
Wanbreda le Pere, de trois pieds de
large, fur deux pieds trois pouces
de haut, fans bordure.

79. Un Tableau peint fur toile, repré- 41. 15
fentant l'Alliance rétablie par la Paix
d'Utrecht, entre l'Empire & l'Ef-
pagne, par *Paul Mathéis*, de trois
pieds deux pouces de large, fur deux

pieds quatre pouces de haut, fans
bordure.

54. 9 80. Un Tableau peint fur toile, repréfentant Paon & Syrinx, par *Boulogne*,
de trois pieds moins un pouce de
haut, fur deux pieds quatre pouces
de large, fans bordure.

47. 8 81. Un Tableau peint fur toile, repréfentant l'Enfant Jefus & Saint Jean,
de l'Ecole du Titien, de deux pieds
quatre pouces de largeur, fur vingt-
trois pouces de hauteur, fans bordure.

49. 16 82. Un Tableau peint fur toile, repréfentant l'Affomption de la Vierge,
par *Denis Coilvart*, Maître du Dominicain, de deux pieds trois pouces & demi de haut, fur vingt pouces de large, fans bordure.

30. 9. 1 83. Un Tableau peint fur toile, repréfentant Pigeons & autres Oifeaux,
par *Wanbouc*, de deux pieds fept
pouces de large, fur vingt-deux pouces de haut, fans bordure.

49. 17 84. Deux Tableaux peints fur toile ;
l'un, repréfentant Tobie recouvrant
la vue, & l'autre, le mariage du
jeune Tobie, par *Bernardo Cava-
lino*, de trois pieds un pouce de

large , sur deux pieds trois pouces &
demi de haut.

85. Un Tableau représentant l'Enfant
Prodigue , par *Joseph Ribera* , dit
l'*Espagnolet*, de trois pieds deux pouces de haut , sur deux pieds quatre
pouces de large , sans bordure.

46 . 18

86. Un Tableau peint sur toile , représentant une Bataille , par *Anniello
Falkone*, de deux pieds sept pouces
de large , sur un pied neuf pouces de
haut , sans bordure.

29

87. Un Tableau peint sur toile , représentant Paysages & Figures , par
Gaspard du Guay , de trois pieds &
demi de large , sur vingt-trois pouces & demi de haut , sans bordure.

37 . 10

88. Un Tableau peint sur toile , représentant l'Invention de la Vraie Croix,
par *Lucas Jordans* , dit *Fraprefto* , de
trois pieds dix pouces de large , sur
un pied dix pouces de haut. On voit
à Naples le grand Tableau dans la
Congrégation *della Pietà de Tarchini*,
sans bordure.

40 . 1

2

89. Deux Tableaux peints sur toile ;
l'un , représentant une Marine , &
l'autre , un Paysage , par *Jacob*. Ils
ont chacun quatre pieds de long ,

51 . 19

fur deux pieds un pouce de haut ,
fans bordure.

90. Un Tableau peint fur toile, repréfentant une Magdelaine , par *Lanfranc* , de trois pieds de haut , fur
deux pieds deux pouces de large,
fans bordure.

91. Deux Tableaux peints fur toile ;
l'un , repréfentant la Peinture , &
l'autre, la Sculpture, peints par *Gen-
tilefqui*. Ces Tableaux ont chacun
deux pieds & demi de haut, fur deux
pieds & demi de large , fans bordure.

92. Un Tableau peint fur toile, repréfentant Saint François, par *Vannius* ,
de deux pieds neuf pouces & demi
de haut, fur deux pieds trois pouces
de large, fans bordure.

93. Un Tableau peint fur toile, repréfentant une Bambochade , par *Goubeault* , difciple de Jean Miel ; de
trois pieds de large , fur deux pieds
trois pouces de haut, fans bordure.

94. Un Tableau peint fur toile, repréfentant Payfages , Figures & Animaux , par *Goubeault* , de trois pieds
quatre pouces de large, fur deux pieds
& demi de haut, fans bordure.

95.

95. Un Tableau peint fur toile, repréfentant Payfages & Animaux, par
Affelin, de quatre pieds de large,
fur trois pieds de haut, fans bordure.   18

96. Deux Tableaux peints fur toile,
repréfentans des Architectures, dans
l'un defquels eft le Maffacre des In-
nocens, & dans l'autre le Centu-
rion, par *Bibiane*, les figures par
Salvator Rofa, de quatre pieds de
large, fur trois pieds de haut. Ces
Tableaux font du meilleur temps de
ces deux Maîtres.   57 · 19

97. Deux Tableaux peints fur toile,
repréfentans des Architectures, or-
nées de figures, par *Salvator Rofa*,
de quatre pieds trois pouces de large, fur trois pieds de haut. Ces Tableaux font auffi beaux que les deux
précédens.   70 · 1

98. Un Tableau peint fur toile, repréfentant l'Adoration des Bergers,
peint par le *Cavalier Matiaprechi*,
furnommé *Calabroes*, de quatre pieds
deux pouces de largeur, fur trois
pieds de haut.   42 · 19

99. Un Tableau peint fur toile, repré-   100 · 14

B

sentant Venus & Adonis, par *Nicolas Poussin*, de quatre pieds deux pouces de large, sur deux pieds dix pouces de hauteur, sans bordure.

81. 7   100. Un Tableau peint sur toile, représentant un Repas champêtre, par *Palamede*, de cinq pieds neuf pouces de large, sur trois pieds quatre pouces de haut. Ce Tableau est d'une composition amusante & riche, dans sa bordure de bois uni doré.

57. 3   101. Un Tableau peint sur toile, représentant le Renoncement de Saint Pierre, par *Valentin*, de trois pieds un pouce de large, sur deux pieds quatre pouces de haut, dans sa bordure de bois uni doré.

43. 1   102. Un Tableau peint sur toile, représentant Saint Jérôme écrivant, par *Joseph Ribera*, dit l'*Espagnolet*, de quatre pieds de haut, sur trois pieds un pouce de large, sans bordure.

46. 4   103. Un Tableau peint sur toile, représentant l'Hermite Elie méditant, de quatre pieds de haut, sur trois pieds un pouce de large, par *Joseph Ribera*, dit l'*Espagnolet*, sans bordure.

57. 8   104. Un Tableau peint sur toile, repré-

fentant Saint Sébaftien ; par *Guido Cagnauchi*, de trois pieds de haut, fur deux pieds fept pouces de large, fans bordure.

105. Deux Tableaux peints fur toile, repréfentans Payfages & Figures ; l'un peint par *le Pouffin*, & l'autre par *Paftel le tué*, de trois pieds un pouce de large, fur deux pieds trois pouces & demi de haut, fans bordure. — 99 . 18

106. Un Tableau peint fur toile, repréfentant Saint Jérôme lifant, par *Jofeph Ribera*, dit l'*Efpagnolet*, de trois pieds huit pouces de haut, fur deux pieds huit pouces de large, fans bordure. — 31 . 10

107. Un Tableau peint fur toile, repréfentant une Bataille, par *Bourguignon*, d'un pied & demi de large, fur onze pouces de haut, fans bordure. — 19 . 1

108. Cinq petits Tableaux qui ne mérite point de defcription, fans bordures. — 10 . 7

109. Trente-une Eftampes repréfentant des Vafes antiques. —

110. Un Tableau peint fur toile, repré- — 41 . 10

sentant l'intérieur de la Vierge, par *Garchi*, disciple du Guide, de vingt-deux pouces de haut, sur dix-sept de large, avec sa bordure de bois uni doré, avec un ornement sur le devant.

57. 15 **111.** Un Tableau peint sur bois, représentant Bacchus & Arriane, par *Luca Giordano*, dit *Fraprefto*, de cinq pieds de large, sur trois pieds dix pouces de haut, sans bordure.

69. 14 **112.** Un Tableau peint sur toile, représentant le Repas du Pharisien, par *Vannius*, de quatre pieds onze pouces de large, sur trois pieds & demi de haut, sans bordure.

Nota. *Il est à propos de remarquer que depuis ce N°. 113. jusqu'à la fin du Catalogue, tous les Tableaux qui y font indiqués doivent être partis de Marseille pour Paris, afin de les vendre à leur arrivée.*

31. 8 **113.** Deux Tableaux peints sur toile, par *Jean Stomer*, Peintre Allemand, dont l'un représente le Martyre de Saint Sébastien, & l'autre le Mar-

tyre de Saint Jean. Ces Tableaux
font des Sujets de nuit, & ont chacun trente-huit pouces & demi de
hauteur, fur quarante-huit pouces &
demi de largeur.

114. Un Tableau peint fur toile, repréfentant Sainte Cécile qui chante &
s'accompagne du Clavecin, avec fix
autres figures, par *Artemifia Genti-
lefchi*, de quarante-huit pouces de
hauteur, fur trente-huit pouces de
largeur.

115. Un Tableau peint fur toile, repréfentant Mars & Venus, furpris dans
les filets de Vulcain, de trente-huit
pouces de hauteur, fur quarante-huit
pouces de largeur.

116. Deux Tableaux d'Architectures,
peints fur toile, & ornés de figures ;
l'Architecture eft de *Viviano Coda-
gora*, & les figures de *Domenico
Gurgiulo*, de trente-huit pouces de
hauteur, fur quarante-huit de largeur.

117. Un Tableau peint fur toile, repréfentant Saint Jean qui prêche dans
le Défert. Quelques Peintres préten-
dent que ce Tableau tient de Muril-

B iij

los ; d'autres le croyent de l'Ecole
Vénitienne , de trente - six pouces
& demi de haut , sur quarante-neuf
de large.

19

118. Deux Tableaux peints sur toile ,
représentans l'intérieur de deux Cui-
sines , avec toutes sortes d'uftenfiles
& figures , d'un Peintre Allemand
qui a indiqué son nom par ces lettres
G. D. V. R. Ils ont chacun trente-
six pouces de haut, sur quarante-neuf
de large.

70 . 15

119. Deux Tableaux peints sur toile ,
représentans Paysages, dans l'un defquels on voit Saint Paul Hermite ,
& dans l'autre Saint Jean. Le Paysage eft de *Paul Bril* , & les figures
de l'Ecole des Carraches. Ces Tableaux ont trente - trois pouces &
demi de haut , sur quarante-sept de
large.

31 . 8

120. Deux Tableaux peints sur toile ,
par le Cavalier *Gieuseppe Recco* , repréfentant des Poiffons , des Coquil-
lages, des Champignons , & quelques uftenfiles de Cuifine , de vingt-
cinq pouces de haut , sur trente-huit
pouces & demi de large.

121. Deux Payſages peints ſur toile,
par *François-Joachim Beich*, dont l'un
repréſente le lever du Soleil, l'autre un ſoir, avec figures & animaux,
de vingt-huit pouces & demi de haut,
ſur trente-huit de large.

122. Un Tableau peint ſur toile, repréſentant un Payſage entouré de guir-
landes de fleurs. Le Payſage eſt de
Salvator Roſa, & les fleurs de l'Abbé
Andrea Belvedere. Il a trente-huit
pouces de hauteur, ſur vingt-huit
pouces & demi de largeur.

123. Un Tableau peint ſur toile, repréſentant Notre-Seigneur qui diſpute
dans le Temple avec les Docteurs
de la Loi, par *Bernardo Cavallino*,
de trente-ſept pouces de haut, ſur
vingt-neuf pouces & demi de large.

124. Un Tableau peint ſur toile, repréſentant une Sainte Famille en demi-
figures, par *Paul de Matheis*, de
vingt-huit pouces & demi de haut,
ſur trente-huit de large.

125. Un Tableau peint ſur toile, repréſentant Notre-Seigneur qui diſpute
dans le Temple avec les Docteurs
de la Loi, par *Maſſimo Stanzioni*, de

vingt-huit pouces & demi de haut;
fur trente-huit de large.

38. 7 126. Deux Tableaux peints fur toile,
repréfentans Payfages ornés de figures, par *le Mola*, de vingt-fept pouces & demi de haut, fur trente-fept
de large.

42 127. Deux Tableaux peints fur toile,
repréfentans des Payfages peints par
Girolamo de Nicolao, dit *lo Spa-
gnolo*, dont l'un repréfente le matin
d'un beau jour, l'autre le matin par
un temps de bourrafques, avec figures, de vingt-quatre pouces de haut,
fur trente-huit de large.

36 128. Deux Tableaux peints fur toile,
repréfentans Architectures avec Marines, & grand nombre de petites
figures. L'Architecture eft d'*Angelo
Maria Cofta*, & les figures de *Mila-
nefe*, de dix-neuf pouces de haut,
fur trente - huit pouces & demi de
large.

40 - 8 129. Deux Tableaux peints fur toile,
par *Tomafo Realfonfo*, & retouchés
par le fameux *André Belvedere*, repréfentans des Fruits, des Fleuves,
des Vafes & des Oifeaux, de vingt-

quatre pouces de haut, sur trente-trois de large.

130. Un Tableau peint sur toile, de l'Ecole des Carraches, représentant les trois Maries qui vont visiter le Tombeau de Notre-Seigneur, de vingt-six pouces de haut, sur trente-deux pouces & demi de large.   *48. 15*

131. Deux Tableaux peints sur toile, représentans Payſages peints par *Gaetano Martoriello*, dont l'un repréſente un matin, & l'autre un midi, avec figures, de vingt-trois pouces de haut, sur vingt-huit pouces & demi de large.   *26. 1*

132. Deux Tableaux peints sur toile, par *Luca Giordano*, dont l'un repréſente Saint Jérôme, & l'autre Saint Guillaume, de vingt-huit pouces de haut, sur vingt-cinq pouces & demi de large.   *375. 15*

133. Deux Tableaux peints sur toile, par l'Abbé *Andrea de Bellevedere*, repréſentans des Vaſes remplis de fleurs, de vingt-six pouces de haut, sur dix-huit de large.   *12*

134. Deux Tableaux peints sur toile, repréſentans Payſages, avec Archi-   *28. 10*

tecture & Figures , peints par *le Beich* , de dix-huit pouces & demi de hauteur , fur vingt-quatre de largeur

18·19 135. Deux autres Tableaux peints fur toile , repréfentans Payfages ornés de figures & d'animaux , peints par le même , de dix-fept pouces & demi de haut, fur vingt-un pouces & demi de large.

36·10 136. Un Tableau peint fur toile , repréfentant la Magdelaine pénitente , de vingt-quatre pouces de haut , fur vingt pouces & demi de large. On croit ce Tableau du Giorgion.

30·1 137. Un Tableau peint fur toile, Bambochade repréfentant l'intérieur d'un ménage de Payfans , par *Vanbuchen*, Peintre Flamand ; de dix-fept pouces de haut, fur vingt-trois pouces & demi de large.

21·9 138. Deux Tableaux peints fur toile , repréfentans des Batailles , peints par *Kemps*, de douze pouces de haut, fur vingt de large.

16 139. Deux autres Tableaux peints fur toile , repréfentans des Batailles, de l'Ecole de *Jacques Bourguignon*, de

douze pouces de haut, sur vingt de
large.

140. Deux Tableaux peints sur toile,
repréfentans Payfages avec de jolies
figures, au bas de l'un defquels on
lit deux noms l'un au-deffus de l'autre, en cette maniere : *Bonardo Gio
bon.* Ils ont chacun treize pouces de
haut, sur vingt-cinq de large.

141. Un Tableau peint fur toile, repréfentant des Fruits, des Fleurs, des
Vafes & de la Vaiffelle, par un Peintre Flamand inconnu à Naples, de
vingt-huit pouces de haut, fur vingt-
trois de large.

142. Deux Tableaux peints sur toile,
dont l'un repréfente la vue de Ti-
voli, avec beaucoup de figures, par
M. *François*, dit l'*Horifon*, & l'autre eft un Payfage, avec figures &
animaux, peint par *le Guafpre*, de
vingt-fix pouces & demi de haut, fur
quarante-trois de large.

143. Un Tableau peint fur toile, par
Felice Ricci, dit *Brufaforci*, repréfentant Sainte Catherine en prieres,
de quarante-quatre pouces & demi de
haut, fur vingt-neuf & demi de large.

144. Un Tableau peint fur toile, repréfentant un Payfage orné de Figures
& d'Architecture, par un Peintre
Flamand connu fous le nom de *Jacob*, de vingt-huit pouces de haut,
fur quarante-fept pouces & demi de
large.

145. Deux Tableaux peints fur toile,
qui repréfentent différentes fortes de
Fruits, par *Abraham Brughel*, de
vingt-quatre pouces de haut, fur
vingt-neuf de large.

146. Deux Tableaux peints fur toile,
par *Andrea Vifo*, dont l'un repréfente Moyfe fauvé des eaux par les filles de Pharaon ; l'autre repréfente
Débora qui donne à Barac le com-
mandement de l'armée des Ifraélites,
de vingt-huit pouces de haut, fur
vingt-trois de large.

147. Deux Tableaux peints fur toile,
repréfentans des Vafes & des Guir-
landes de fleurs, avec un fond de
Payfage, peints par *Gafparo Lopez*
Efpagnol, dit *Gafparino*, de vingt-
trois pouces & demi, fur vingt-huit
de large.

148. Deux Tableaux peints fur toile,

par *Giuseppe Recco*, habile Peintre,
représentans des Vases remplis de
fleurs, de vingt-huit pouces de haut,
sur dix-huit de large.

149. Deux Tableaux peints sur toile,   27
représentans Paysages ornés de figures & d'animaux de *Salvator Rosa*,
de dix-huit pouces & demi de haut, sur
vingt-huit pouces & demi de large.

150. Deux autres Tableaux peints sur   14
toile, représentans Vases remplis de
fleurs, par *Gieuseppe Recco*, de vingt-
cinq pouces de haut, sur dix-neuf de
large.

151. Deux petits Tableaux peints sur   10. 4
toile, représentans des Fleurs, par
Gasparo Lopez, de sept pouces de
haut, sur treize de large.

152. Deux autres Tableaux peints sur   9
toile, représentans aussi des Fleurs,
par le même, de sept pouces & demi
de haut, sur treize de large.

153. Esquisse d'un Tableau de Bataille,   6
peint sur toile, dont on ignore l'Auteur, de sept pouces & demi, sur
seize de large.

154. Un Tableau peint sur toile, par-   16. 4
faitement rond, représentant une

Defcente de Croix, avec plufieurs figures, par *Paul Matteis*, de vingt-deux pouces de haut.

155. Deux petits Tableaux peints fur toile, repréfentans des Volailles, par *Solimene*, de treize pouces de haut, fur dix-fept pouces & demi de large.

156. Deux Tableaux peints fur toile, repréfentant différentes fortes de Fruits, par *Abraham Brughel*, de treize pouces de haut, fur dix-fept pouces & demi de large.

157. Deux Efquifles peintes fur toile, par *Solimene*, dont l'une repréfente un Ange qui joue de la Harpe, & l'autre un Ange qui touche l'Orgue, avec plufieurs figures, de dix-fept pouces & demi de haut, fur treize pouces & demi de large.

158. Deux Tableaux peints fur toile, repréfentans des Vafes remplis de fleurs, par *Gafparo Lopez*, de dix-huit pouces de haut, fur treize pouces & demi de large.

159. Une Efquifle peinte fur toile & terminée, repréfentant Saint Pierre, par *Luc Jourdans*, de vingt-deux

pouces de hauteur, fur dix-neuf de largeur.

160. Une Efquiſſe peinte ſur toile, repréſentant le Triomphe de Venus, par *Giacomo del Po*, de vingt-trois pouces de haut, ſur dix-huit de large. Elle eſt faite pour un plafond. 41. 6

161. Un Tableau peint ſur toile, repréſentant un Panier rempli de Champignons, par *Gieuſeppe Recco*, de ſeize pouces de haut, ſur vingt-un pouces & demi de large. 7

162. Un Tableau peint ſur toile, repréſentant Payſages avec figures & animaux, par un Peintre inconnu à Naples, de douze pouces & demi de haut, ſur quinze de large. 4

163. Un Tableau peint ſur toile, repréſentant la Fuite de la Sainte Vierge en Egypte, avec un fond de Payſages, par *Micco Spadaro*, de treize pouces de haut, ſur dix-huit de large. 9

164. Deux petits Tableaux, peints ſur bois, repréſentans des Bouquets de fleurs, par *Nicolo Caſſiſſi*, de treize pouces de hauteur, ſur dix-neuf pouces de largeur. 5. 4

165. Deux Tableaux peints ſur bois, 9. 5

répréfentans des Payfages ornés de Figures par *François-Joachim Beich*, qui a pris dans ces deux Payfages le ftyle de *Salvator Rofa*, de neuf pouces de hauteur, fur onze pouces de largeur.

166. Deux petits Tableaux peints fur bois, repréfentans des Brebis & des Chévres, par *Giufeppe Taffone*, de fept pouces de haut, fur dix pouces & demi de large.

167. Deux Tableaux ronds peints fur bois, par *Matteis*, dont l'un repréfente le mariage de Sainte Catherine; l'autre, le jeune Moyfe entre les mains des Filles de Pharaon. Ils ont chacun dix-neuf pouces & demi de hauteur, & autant de largeur.

168. Un Tableau peint fur bois, lequel eft fi ancien qu'on en ignore l'Auteur, repréfentant un Portement de Croix, avec grand nombre de figures & de Chevaux, de dix pouces & demi de haut, fur dix-huit de large.

169. Un Tableau peint fur bois, par *Gafparino*, repréfentant un Vafe plein de fleurs, avec un Payfage pour fond.

de quinze pouces de haut, fur dix
de large.

170. Deux petits Tableaux peints fur
bois, repréfentans Payfages ornés de
figures, peints par *Geronimo*, dit *Nicolao*, de neuf pouces de haut, fur
treize de large.

171. Un Tableau peint fur bois, repréfentant un Payfage dans lequel on
voit des Voleurs qui détrouffent les
paffans & arrêtent un Coche, peint
par *Breughel*, de dix pouces de hauteur, fur douze pouces & demi de
largeur.

172. Deux Tableaux peints fur toile,
repréfentans Marines, avec un fond
de Payfages, & beaucoup de petites
figures & d'animaux, par *Wander-
kabel*, de fix pouces de haut, fur neuf
pouces & demi de large.

173. Deux petits Tableaux peints fur
bois, repréfentans des Vafes remplis de fleurs, par *Andrea Belvedere*,
de neuf pouces & demi de haut, fur
fept de large.

174. Une Efquiffe peinte fur toile, par
Lanfranc, repréfentant la Tête d'un
Vieillard, de dix-fept pouces de haut,
fur treize de large.

4   175. Un Tableau peint ſur toile, repréſentant Payſages, avec des figures
& des Chevaux, dont on ignore l'Auteur à Naples, de treize pouces &
demi de haut, ſur dix-ſept de large.

3 . 4   176. Un Tableau peint ſur bois, dont
une Bambochade, repréſentant des
Gueux qui jouent, par *Salvator Roſa*, de neuf pouces & demi de haut,
ſur douze de large.

3 . 8   177. Deux petits Tableaux peints ſur
toile, repréſentans Payſages ornés
de figures, peints par *Geronimo*, dit
Nicolao, de neuf pouces de haut, ſur
treize de large.

10 . 1   178. Deux Têtes peintes ſur toile, dont
l'une repréſente la Jeuneſſe & l'au-
tre la Vieilleſſe ; la premiere peinte
par *Philippo Laury*, & la ſeconde
par *Solimene*, de quatorze pouces de
haut, ſur douze de large.

10 . 7   179. Deux petits Tableaux peints ſur
toile, repréſentans des Marines, avec
Payſages & Figures, par *Salvator
Roſa*, de la premiere maniere, de
neuf pouces & demi, ſur quinze de
large.

24 . 5   180. Un Tableau peint ſur toile, repré-

sentant Paysages avec figures & animaux, peints dans un ovale par *Salvator Rosa*, de dix-huit pouces & demi de haut, sur vingt-trois pouces & demi de large.

181. Un Tableau peint sur toile, représentant une Bambochade, par *Jean Miel*, où l'on voit l'intérieur d'une Cave, avec des Bûveurs & des Marchands de Vin, de seize pouces & demi de hauteur, sur vingt-cinq de largeur.   9.4

182. Deux petits Tableaux peints sur toile, représentans Paysages ornés de figures, par *Michel Pagano*, de sept pouces de haut, sur dix-sept de large.   6

183. Deux autres Tableaux peints sur toile, représentans Paysages ornés de Cabanes, de figures & de différens animaux, par *Domenico Brandi*, de treize pouces de haut, sur dix-sept de large.   7.15

184. Deux Tableaux peints sur bois, représentans Paysages enrichis de Hameaux, de maisons de Campagne & de Villes, qu'on apperçoit dans l'éloignement, avec beaucoup de fi-   18.15

gures ; peints à Naples par M. *de Grevembrock*, en 1757, de onze pou-ces de haut, fur vingt de large.

6.. 185. Deux autres Tableaux peints fur toile, repréfentans Payfages ornés de Figures, par *le Guafpre*, de vingt-un pouces de haut, fur treize pou-ces & demi de large.

26.. 186. Un Tableau peint fur bois, repré-fentant la Sainte Vierge, l'Enfant Jefus, & le petit Saint Jean, peint par *le Perugin*, dont le grand Ra-phaël a été difciple, de dix-fept pou-ces & demi de haut, fur quatorze de large.

4.3 187. Un Tableau peint fur bois, qui repréfente le Songe des Bergers, fujet de nuit, de l'Ecole de Baffan ; de treize pouces de haut, fur dix-huit de large.

5 188. Un Tableau peint fur cuivre, re-préfentant un Payfage, avec figu-res & animaux, par *François Parifo*, de douze pouces de haut, fur feize de large.

14 189. Un Tableau ovale peint fur cui-vre, de l'Ecole des Carraches, re-préfentant une Magdelaine au Dé-

ſert, avec un beau fond de Payſages, de dix pouces de hauteur, ſur quinze de largeur.

190. Un Tableau peint ſur cuivre, par *Paul Bril*, repréſentant un Payſage orné de Figures & d'Architecture, de huit pouces de haut, ſur neuf pouces & demi de large. 3.7

191. Une petite Eſquiſſe peinte ſur toile, repréſentant un jeune Bacchus, accompagné de Faunes, par *Giacomo del Po*, de neuf pouces & demi de haut, ſur ſept pouces & demi de large. 3.15

192. Deux petits Tableaux peints ſur toile, repréſentans Payſages avec figures, par *Paul Bril*, de ſept pouces de haut, ſur neuf de large. 3

193. Deux Tableaux peints ſur bois, repréſentans Payſages ornés de figures, par un Peintre Hollandois inconnu à Naples, de ſept pouces de haut, ſur treize de large. 2.10

194. Un Tableau peint ſur cuivre, de l'Ecole des Carraches, qui repréſente Saint Jérôme dans le Déſert, de douze pouces de haut, ſur dix de large. 7.2

7   195. Un Tableau peint fur cuivre, par *Mico Spadaro*, repréſentant le Martyre de Saint Janvier, avec grand
nombre de figures, de neuf pouces
& demi de hauteur, ſur treize de largeur.

4.3 196. Deux petits Tableaux peints ſur
toile, par *le Graziani*, repréſentans
des Batailles, de quatre pouces &
demi de haut, ſur ſix pouces & demi
de large.

19.1 197. Un Tableau, repréſentant le Portrait ſur bois d'Aniello Falcone, fameux Peintre, avec des Batailles,
peint par lui-même, de dix pouces
& demi de haut, ſur huit pouces de
large.

4   198. Un petit Tableau peint ſur cuivre, repréſentant un Payſage avec
figures, par *Petit-Jean* d'Hollande,
de ſix pouces & demi de haut, ſur
huit pouces & demi de large.

6   199. Un petit Tableau, ſur ardoiſe,
peint par *Salvator Roſa*, repréſentant une Chaſſe de nuit, de quatre
pouces & demi de haut, ſur ſix de
large.

30.5 200. Deux Tableaux peints ſur toile,

repréſentans différentes ſortes d'Oiſeaux & quelques autres Animaux, par *Baldaſſar di Caro*, de vingt-huit pouces de haut, ſur trente-huit pouces de large.

F I N.

Lù & approuvé ce 6 Fév. 1766. C O C H I N.

Lû & approuvé ce 6 Fév. 1766. *M A R I N.*

Vû les Approbations, permis d'imprimer & diſtribuer. A Paris ce 6 Février 1766.

DE SARTINE.

www.ingramcontent.com/pod-product-compliance
Ingram Content Group UK Ltd.
Pitfield, Milton Keynes, MK11 3LW, UK
UKHW021132140726
13695UKWH00004B/1856